내일도
만날래?

코 로 나 시대에 멈 춰버린 이 야 기 들

내일또 만날래?

전기현 지음

좋은땅

목차

베네수엘라

Juan & Maria Elena

"문제는 차비스모에요. 군대고 경찰이고 간에 전부 차비스모가 퍼져서 아무리 시위대가 외쳐 대도 소용없는 거라구요."

"아니. 그렇게 경제가 곤두박질쳤는데 아직도 우고 차베스를 영웅시한다는 말이야?"

"썩을 놈의 마두로가 아직까지도 정권을 잡고 있는 건 이미 차베스가 있을 때에 군대와 경찰을 전부 자기네 개들로 길들여 놨기 때문이에요."

마라카이보에 살고 있는 후안은 얼굴이 붉어지면서, 금세 열변을 토하며 흥분하기 시작했다.

나는 그의 여동생 마리아 엘레나를 통해 그를 알게 되었다. 후안은 베네수엘라의 현재 사회 시스템이 냉전 시기의 쿠바를 본따서 차베스가 만든 것이라고 말한다.

"쿠바의 카스트로는 언제나 구소련의 도움을 받았어요. 그랬기 때문에 미국도 군사적으로 쿠바에 개입하기 어려웠죠."

"그럼 후안, 너는 미국이 베네수엘라에 직접적으로 군사를 보내주기를 바라니?"

"당연하죠. 마두로 녀석만 끌어내릴 수 있다면 얼마든지요. 이건 저만의 생각이 아니에요. 많은 사람들이 미국의 도움을 바라고 있어요."

내일도 만날래?

"그래도 미군이 직접 들어오면, 뭔가 내정간섭이 될 수 있지 않을까?"

"아마 국제적으로 그런 소리를 듣기 싫어서인지, 미국도 그저 마두로 측근들이 쿠데타를 일으키기만 기다리는 것 같아요. 골치 아프니 그냥 너희들끼리 해결하라는 식이죠."

후안과 이러한 애기를 주고받을 때에도, 이미 베네수엘라의 많은 국민들이 탈출하는 상황이었다.

당시 주요 탈출루트는 콜롬비아/에콰도르 루트였고 지금은 아예 바다를 건너는 트리니다드 토바고 루트까지 이용되고 있다.

"후안 오빠도 저처럼 쭐리아 주립대학을 졸업했지만, 일자리 구할 엄두를 못 내고 있어요. 오빠도 내심 미국으로

가고 싶어 하는 눈치구요."

"이제 콜롬비아 루트는 막히고 있다면서?"

"맞아요. 하도 난민들이 많이 흘러 들어오니까, 콜롬비아는 아예 국경을 닫아 버렸죠. 이제는 많은 사람들이 브라질 쪽으로 탈출하고 있어요."

"직업을 갖지 못하거나 실직당한 사람들은 대체 생활을 어떻게 꾸려 가지?"

"지나가면서 버스 정류장이나 기차역에서 사탕 같은 것들을 파는 아주머니들을 보셨죠? 그나마도 팔 게 없으면, 거리의 전선을 잘라서 파는 사람들도 많아요. 사람들이 필사적으로 이 나라를 탈출하려는 이유는 그저 직업을 갖고, 그 직업에서 나오는 돈으로 먹고살 수만 있으면 되기 때문이에요."

내일도 만날래?

"전력난은 여기 마라카이보가 수도인 카라카스보다 훨씬 심한 거 같아."

"그나마 카라카스는 물이 24시간 나오고 ATM기계에서 돈을 뽑을 수는 있어요. 돈의 가치가 형편없어서 그렇지."

"여기 쭐리아 주가 베네수엘라 최대 석유생산지 아니야?"

"그러니까 더 아이러니한 상황이죠. 어쨌든 마두로에 대해서는 후안 오빠와 저는 생각이 같아요. 그 사람이 권좌에 있는 한 베네수엘라에 희망은 없어요."

"마두로는 어떻게 그 거센 저항을 전부 제압하고 있는 걸까?"

"군대가 마두로 밑에 있기 때문이에요. 일단 장성들이나 장교들을 돈으로 끌어들이고, 매수당하지 않은 올곧은 군인들은 아예 그 가족들까지 감옥에 넣거나 죽여 버려요."

베네수엘라

"지금 야권에는 그나마 전 국회의장 과이도가 미국과 서방의 지원을 받고 있는 편인데, 그 사람은 어때?"

"어떻게 보면 과이도가 우리에게는 마지막 희망이에요. 하지만 과이도 역시 군대 없이는 힘을 발휘할 수 없어요."

여전히 과이도는 살아 있고, 마두로와 차비스모에 대한 투쟁을 멈추지 않고 있다.

모든 사람들을 평등하게 배려하고 그들에게 관대하라. 후안과 마리아 엘레나의 가족들은 썩고 부패한 정부 아래에서도 인간애와 희망을 지니고 있었다.

고난은 잠시이며 월계수는 영원하리라, 미래에 대한 그들의 희망이 과거로의 후퇴보다 더 위대한 까닭에.

내일도 만날래?

오스트레일리아

Curtis

"앤디 쿡이 호주를 발견했지, 맞아?"

"사실은 제임스 쿡이야. 그래도 대충은 비슷했네."

"미안. 아무튼 그 후부터 호주가 영국의 지배권에 들어간 거지?"

"응. 그런데 맨 처음 호주라는 대륙을 발견한 사람들은 17세기 초의 네덜란드 사람들이었어. 동인도회사란 이름을 걸고 여기에 왔던 거야."

"그럼 제임스 쿡이 호주에 들어온 것은 그 이후겠네?"

"정확히 말하자면 1770년. 네덜란드 사람들 눈에는 이 땅이 식민지로 그다지 매력적이지 않았나 봐. 그래서 영국이

다음 기회를 잡은 셈이고."

"쿡은 지금 호주에서 어떤 사람으로 평가받고 있니?"

"꽤나 존경받는 편이야. 잉글랜드 노스요크셔 출신 평민 치고는 엄청 출세한 거지. 나중에는 해군 대령까지 올랐으니까."

"처음에는 호주가 일종의 국외 교도소로 이용되었다는 말이 사실이야?"

"맞아. 그리고 나중에는 죄수들도 모범수로 평가받으면, 해방되고 농장으로 쓸 만한 토지를 어느 정도 할당받았어."

"사실 그때 당시로는 거의 돌아오지 못할 땅 아니었니?"

"응. 18세기의 항해술로 영국 본토에서 호주까지 가는데 거의 1년 가까이 걸렸으니까. 지금으로 치면 태양계 화성으로 보내지는 것과 비슷했을 거야."

"그랬겠네. 그럼 영국으로부터 독립한 때는 언제였어?"

"1901년. 사실 독립하려는 시도는 1901년 전에도 여러 번 있었어. 1854년의 유레카 반란이라고 들어 봤니?"

"아니, 전혀."

"Ballarat라는 곳에 금광이 있었는데 여기 노동자들한테 일만 죽도록 시키고, 금은 영국 관료들이 전부 빼돌린 거야. 그걸 알게 되고부터 반란이 일어났지. 아예 국기까지 따로 만들었어. 결국 진압은 되었지만 그때부터 호주 사람들은 대영제국의 지시 따위 더 이상 필요 없다는 걸 깨달았고."

"아직 호주는 영연방에 속해 있잖아. 호주 사람들이 영국 왕실에 대해 느끼는 감정은 어때?"

"우리만 그런 게 아닐 거야. 영연방 국가들은 지금의 여왕이 죽고 나면 영연방을 탈퇴하려는 생각을 갖고 있어."

"이제 예전 같은 연대의식이 없다. 그런 걸까?"

"음. 무엇보다 영연방에 들어가 있다는 게 장점이 별로 없어. 영국도 2차 대전 이후로 꽤나 국력이 약해졌고, 계속 더 약해지고 있다는 걸 모두 다 느끼거든."

커티스는 사업상 알게 된 호주의 젊은 건설회사 직원이다. 만날 때마다 우리의 공통적인 화제는 대개 경제 분야였고, 어쩌다 보니 역사와 문화까지 얘기하게 되었다.

"너희는 언제부터 독자적인 화폐를 쓰기 시작했니?"
"1966년부터. 그 전까지는 GBP, 그러니까 영국 파운드를 쓰고 있었지."

"호주 화폐는 방수처리 되어 있다는 게 사실이야?"
"어. 일종의 플라스틱 같은 건데 종이처럼 잘 접혀. 완전 종이처럼은 아니지만 접어서 쓰는 데 큰 불편은 없어."

"호주는 예전부터 경기 부양책을 써 왔다며?"
"맞아. 27년 연속으로 성장했던 시기도 있었어. 여러 가

내일도 만날래?

지 방법으로 소비를 촉진시키고 결국 경제의 선순환으로
이어졌지."

"정치적인 걸림돌은 없었니?"
"어디 가나 부패한 정치인들은 있는데. 우리는 항상 적
재적소에 필요한 인재를 등용했었어(right people at right
time)."

"최근에 중국이랑 호주가 사이가 나빠진 이유는 단지 남
사군도 분쟁 때문이야? 아니면 내가 모르는 또 다른 이유
가 있는 거야?"
"기본적으로 푸틴이 위대한 러시아를 표방하는 것처럼,
중국도 팽창정책을 쓰고 있는 게 가장 큰 원인이지.
어느 새 중국은 우리에게 미국이냐 중국이냐 양자택일을
요구했고, 우리는 당연히 미국을 파트너로 택했어."

"중국의 무역보복으로 인한 피해는 어때?"
"있긴 하지만 오히려 서방과의 관계가 두터워져서 얻은

게 더 많아. 지금까지 우리는 석탄과 철광석을 중국에 수출해 왔는데, 그거야 다른 나라에 수출해도 되는 거니까.”

“중국 정부에서 호주 정치인에게 뇌물을 주고, 심지어 호주 정부까지 해킹하려고 했다는 뉴스는 진짜야?”
“사실이야. 해킹시도는 실패했지만 실제로 많은 정치인들이 중국으로부터 부정한 돈을 받았고 그 범죄를 잡아내는 데 시간이 꽤 걸렸지.”

만약 커티스가 한국에서는 중국인도 투표권을 행사할 수 있고 범죄를 저질러도 지문날인이 되지 않아 잡을 수 없다는 것을 알게 되면, 분명 그는 나에게 “어떻게 그런 일이 가능하지?”라고 물어 올 것이다. 나 역시 어떤 대답을 커티스에게 들려줘야 할지 여전히 알 수 없다.

내일도 만날래?

앙골라

Nitin

"일단 제일 먼저 물어보고 싶은 건, 그곳의 치안이 안전한가 하는 것입니다."

"내전이 있었던 것은 맞아요. 하지만 이제 내전은 끝났습니다. 다만 늦은 시간에 통행하는 건 그다지 바람직하지 않습니다."

앙골라에 거주하는 노련한 사업가 니틴은, 수도인 루안다와 남부 도시 벵겔라에 식용 기름공장을 짓고 있다. 그에게 앙골라와 아프리카 전반의 정세에 대해 물어볼 기회가 있었다.

"지금의 앙골라는 예전에 비해 매우 안전한 편입니다. 오히려 지금 아프리카에서 가장 불안정한 국가는 수단이에요."

"그건 왜 그렇습니까?"

"1989년에 쿠데타로 정권을 잡은 대통령이 거의 30년간 장기집권을 하다가, 새로운 군부 쿠데타가 일어나 축출되었습니다."

"아프리카에서 흔히 볼 수 있는 상황 같은데, 왜 가장 불안정하다는 것이죠?"

"재스민 혁명 때처럼 사람, 그러니까 일반 국민들이 들고 일어났습니다. 30년간의 군정도 지긋지긋했는데, 또다시

내일도 만날래?

군정이 연장되는 것에 대해 분노한 것이죠.

불난 데 기름 붓듯이, 군부는 야만적인 방법으로 100명 이상의 시위대를 살해했고 죽은 시체들은 전부 나일강에 던져 버렸습니다."

"새로운 군정에 민간인은 참가하지 못했나요?"
"네. 이전의 군정과 결코 다르지 않습니다. 자기들끼리 비밀회의를 열어서 대통령을 선출하는 식이죠."

"미국과 UN은 그냥 보고만 있는 건가요?"
"사실 복잡한 문제입니다. 수단은 이슬람교 수니파가 절대 다수인데, UAE와 사우디가 새로운 군사정부의 뒤를 봐준다는 얘기가 있습니다."

"국제역학은 항상 복잡하지요. 이전의 군정에서도 사우디의 영향력이 컸습니까?"
"그럼요. 기본적으로 수단의 경제 상태는 극도로 빈곤합니다. 그러니 사우디가 제공하는 원유가 얼마나 그들에게 큰 힘이 되었을지 상상하실 수 있을 겁니다."

"앙골라는 주위의 무슬림 국가에 비해, 가톨릭이 우세한 국가이지요?"

"그렇습니다. 국민의 절반이나 그 이상이 가톨릭이나 개신교를 믿고 있습니다. 다만 정치제제의 불안정이 완전히 사라진 것은 아닙니다."

"종교 외적으로, 어떤 다른 문제가 있습니까?"

"MPLA라는 이름으로 알려진 앙골라 해방인민운동과 FNLA라는 이름으로 알려진 앙골라 민족해방전선의 좌우 대립이 여전합니다.

2002년에 반군 게릴라의 지도자인 조나스 사빔비가 사살당하면서 내전은 끝났지만, 여전히 좌익계열의 MPLA와 우익계열의 FNLA 사이의 분쟁은 남아 있습니다."

"앙골라의 경제성장률은 아프리카 내에서도 독보적일 정도로 높지만, 국민들이 사회주의 정치 체제를 선호한다는 것 또한 흥미롭네요."

"네. 사실 우익계열의 FNLA도 과거에는 반군단체였습니다. 앙골라 국민들에겐 MPLA나 FNLA나, 그 나물에 그 밥이라는 뜻이지요.

MPLA 당 의장 출신인 조제 도스 산투스의 장기집권 후에 얼마 전 자유선거가 치러졌지만, 결국 또 다시 MPLA출신의 주앙 로렌수가 선출된 것도 그러한 맥락입니다."

잉글랜드

Gary

"브렉시트를 찬성한 가장 큰 이유는 우리 영국인들이 영국 헌법에 의해 지배받기를 원하지, 어떤 다른 법에 의해 지배받기를 원치 않는다는 점에 있습니다."

"그것은 경제적인 이유를 넘어서는, 어쩌면 그보다 한 차원 위의 맥락이군요."

"그렇습니다. 우리는 자유무역을 존중하고, EU 내 국가들 간의 관세 철폐에 대해서는 이의가 없습니다. 다만 우리는 EU가 점점 정치적으로 돌아가는 상황이 걱정됩니다."

"방금 얘기하신 법과 지배에 대해 조금 더 자세히 설명해 주시겠습니까?"

"EU 헌법은 영국 헌법의 상위(superior) 개념에 존재합니다. 이는 우리 정부가 EU 헌법에 의해 만들어진 법령들도 모조리 따라야 했다는 뜻입니다."

"선거와는 관계없이."

"네. 우리의 오랜 역사는, 끊임없는 선거와 그에 의한 정부 또는 내각 변화의 역사였습니다. 만약 EU의 헌법이 이것을 대신(supercede)하려 든다면 우리는 EU를 떠날 수밖에 없는 것이고, 무엇보다 우리 국민들은 EU 헌법의 우선권에 동의한 바가 없습니다."

"전혀 몰랐던 해석이군요. EU의 시스템은 미합중국을 본떠서 만든 것이라고 하던데, 이와도 관련이 있습니까?"

"바로 그렇습니다. 현재 EU는 점점 USE(United States of

Europe)가 되어 가기를 원하고, 실제로 그렇게 되어가고 있습니다. 미국에도 물론 주(州)마다 그 주의 법률이 있고 각 주에 상당한 자치권이 부여되지만, 결국 연방 법률이 그 최상위에 존재한다는 것을 예로 들면 이해하기가 더 쉽겠지요.”

맨체스터 근교 드로일스덴에 거주하는 게리는 브렉시트 찬성론자였다. 우리는 당시에 영국인들이 브렉시트를 과연 어떤 시각으로 바라봤는지, 그리고 브렉시트 이후의 영국에 대해 짧게나마 이야기를 나눌 수 있었다.

“경제적인 면만 놓고 본다면 영국인들은 굳이 브렉시트를 하지 않아도 된다는 입장이었나요?”

"물론 나 한 사람이 모든 영국인을 대표할 수는 없지만, 영국인들은 EU가 화폐 주조권 외에 독자적인 군대를 보유하는 것에 극도의 경계심을 보입니다.

앨라배마는 미국의 한 주(州)일 뿐 나라가 아니지요. 그런데 EU는 마치 프랑스, 이탈리아, 네덜란드가 자신들의 한 주(州)처럼 행동하기를 바라는 것처럼 느낍니다."

"마크롱이 그 대표적인 예가 될 수 있겠네요."
"그 사람은 프랑스 대통령 취임식에서 프랑스 국가 대신에 EU anthem을 연주하게 한 인물입니다. 사생활에 대해서는 말할 가치도 없구요."

"EU 헌법의 원안은 애초에 프랑스와 네덜란드에서 부결된 것으로 알고 있습니다."

"덧붙이자면, 그 원안은 아일랜드에서도 부결되었습니다. EU 헌법에 대해서는 리스본 조약을 참고하시면 좋을 듯합니다."

"당시 영국에서 가장 브렉시트에 찬성적이었던 정치인으로는 나이젤 패리지(Nigel Farage)가 있습니다. 그는 어떤 인물입니까?"

"그 사람은 원래 사업가였습니다. 그런데 사업을 하다 보니 EU의 여러 가지 부패한 모습을 보게 되었고, 결국 정치판에 뛰어들어 브렉시트 찬성론을 펼친 것입니다."

"EU 의회 초대 의장에 전 영국 총리였던 토니 블레어가 물망에 올랐다는 이야기를 들었습니다. 그렇지만 실제로는 그렇게 되지 않았지요?"

"물론입니다. 프랑스나 독일이 절대로 찬성하지 않았을 것입니다. 그래서 EU의 구성원들의 투표에 의한 선거가 아닌, 〈특별정상회담〉이라고 불리는 무슨 비밀회의를 열어서 헤르만 반 룸포이가 초대 EU 의회 의장이 된 것입니다."

"EU 의회 의장이라면, 그냥 EU 대통령이라 불러도 무방할까요?"

"표현이나 어휘의 차이일 뿐 권한이나 역할은 똑같습니다. EU를 이끌어 가는 운전대는 프랑스와 독일, 특히 독일이 쥐고 있다고 보는 편이 타당합니다."

"브렉시트 찬성에 대한 가장 큰 원인을 주권문제(sovereignty)라고 하셨는데, 그 외에는 어떤 원인들이 있었습니까?"

"EU분담금 문제입니다. 우리도 독일이나 프랑스만큼 EU 분담금을 냈지만 발언권은 턱없이 적다고 느꼈습니다.
또한 EU분담금 못지않게, 많은 사람들이 브렉시트를 원하게 만들었던 부문은 바로 이민자 문제입니다."

"구체적으로 어떤 예를 들 수 있을까요?"

"일단, 런던의 인구 45%가 1세대 이민자들입니다. 2세대까지 포함한다면 그 수는 훨씬 더 커지겠지요.

이는 단지 런던만의 문제가 아닙니다. 제가 살고 있는 이곳 북서부 지방 또한 이민자들로 인해 주택공급, 일자리, 교육, 여러 가지 부분에서 많은 갈등을 겪고 있습니다."

"그렇군요. 저는 EU를 탈퇴하든, EU에 남아 있든, 그것은 전적으로 영국 국민들의 뜻에 따라야 한다는 입장입니다. 타국이 그것을 비난할 자격도 명분도 없구요."

"그런 비난들은 소위 세계화(globalization)라는 이름으로 행해지는 폭력일 뿐입니다. 브렉시트 찬성의 가장 큰 이유로 우리가 주권 문제를 제기한 것도 같은 맥락에서 봐야 합니다."

"보리스 존슨 총리에게는, 노동당 지지자들도 상당수가 찬성표를 던졌다는 사실이 차후 정치적인 힘으로 작용할 수 있을 듯합니다."

"맞습니다. 하지만 그 이면에는 당시 노동당 당수였던 제레미 코빈이 워낙 많은 실수들을 저질렀기에, 상당한 반사이익을 보리스 존슨이 받았다는 점을 생각해야 합니다. 코빈은 심지어 남미의 베네수엘라를 이상적인 모델로 제시하기까지 했고, 그런 망상을 꾸는 사람 때문에 오랜 노동당 지지자들조차 보수당으로 이탈한 것입니다."

"조금 다른 이야기일 수 있는데, 지금의 영국 왕실은 정치적으로 큰 영향을 주지 못합니까?"

"여왕은 여전히 상징적인 존재이지만, 정치적인 영향력은 행사하지 않습니다. 예전의 헨리 8세는 지금으로 치면 브렉시트와 같은 정치적인 결단을 스스로 내리고 실행했지만, 지금의 왕실은 전혀 다른 존재입니다."

지구본으로 보면 거의 반대편에 위치해 있지만, EU와 영국은 우리나라에도 큰 영향력을 발휘하는 국가 또는 조직체이다. 게리는 대화의 끝에 이렇게 말한다.

"There is always another time."

　패자부활전 없는 사회에서 살고 있는 우리에게 이런 여유를 바랄 수는 없을까. 이 짧은 구절은 한때 대영제국이었던 국가의 후손이 보여 주는 여유와 현실주의를 보여 준다. 영국은 언제나 다음을 기약하고 있으며, 그다음을 위해 준비하고 있다고.

칠레

Ignacio

"경찰이 발포했다는 게 사실이야? 아니면 그냥 루머야?"

"제가 직접 목격하진 못했지만, 어제 분명 발포(shooting)가 있었던 건 분명해요."

"AP통신에는 산 베르나르도 구역의 시위가 제일 심했다고 하던데, 혹시 뭐 들은 거 없어?"

"정확한 뉴스보다도 워낙 유언비어가 많이 떠돌아요. 무장경찰이 시위대 누구를 강간했느니 어쩌니 하는 소리는 말도 안 되는 소리구요."

"너희 집도 국립경기장 근처지?"

"예. 정확히 말하자면 누뇨아(Ñuñoa) 구역이에요. 여기
랑 북쪽의 라스 콘데스(las condes) 구역은 그나마 안전한
지역이에요. Avenida Grecia(산티아고 시내를 동서로 가로
지르는 대로의 이름)를 경계로, 북쪽은 조금 안전하고 남쪽
으로 갈수록 위험하다고 보면 돼요."

"칠레의 9.11이라 불리는 피노체트의 쿠데타에 비교하는
언론도 있던데, 실제로 거기 분위기도 그래?"

"부모님이랑 몇몇 어르신들은 그렇게 말씀하세요. 그때
에도 발단은 시위대와 약탈이었고, 군인들이 거리를 점령
하는 모습은 비슷하다고."

"일단, 지금 시내상황은 어떤 거 같아?"

"지하철은 이미 운행이 중단됐고, 우리 가게뿐만 아니라

다른 가게들도 혹시나 해를 입을까 봐 전부 문 닫은 것 같아요. 그리고 몇몇 구역은 물 공급이 끊겨서 단수 중이라고 해요."

이냐시오는 칠레 산티아고에 살고 있는 학생이다. 그와 그의 가족들은 이냐시오가 아주 어릴 적부터 누뇨아 구역에 살면서 작은 상점을 운영하며 살아왔다.

"아랍의 봄도 한 과일상의 분신에서 시작됐지. 단순히 전기료 인상 그거 하나 때문에, 이번에 경찰차까지 불타는 큰 폭동이 일어났겠어?"

"맞아요. 피녜라와 그 똘마니들이 저질러 온 패악질이 쌓이고 쌓여서, 결국 이번에 크게 한 번 터진 거죠."

"내가 알기로도 피녜라는 뒤가 구린 녀석이야. 그런 놈이 어떻게 대통령 자리까지 앉게 된 거지?"

"겉으로는 번듯하거든요. 심지어 경제학 박사학위를 따서 교수까지 해 먹었죠. 그러다 보니 우익 정당 쪽에서 저놈 그럴 듯하다 싶어서 후보로 내보냈구요."

"피녜라는 이미 무슨 사건으로 복역하지 않았었나? 너희는 법원에서 징역형 받은 사람도 대통령 선거에 나설 수 있니?"

"그놈이 실제로 깜빵에 간 건 아닌데, 예전에 탈카은행 사건으로 몇 년 형을 선고 받은 건 확실해요. 아마 유령회사를 만들어 은행 돈을 털어먹은 모양이에요."

"아니. 그런데 감옥에 안 갔다고? 외국으로 튄거야?"
"여기에선 흔해 빠진 일인데요 뭘. 피녜라 본인만 그런 게 아니라, 아들놈도 디디 관련해서 부정을 저지르고, 아무

내일도 만날래?

튼 저 놈의 악행을 말하자면 끝도 없어요."

　칠레는 자원이 풍부하고, 무엇보다 강력한 군대를 보유한 나라이다. 그러나 젊은 이냐시오의 눈에 비친 칠레는 남미 1인당 GDP 최고의 국가임에도 불구하고, 아직 부패와 부정에서 자유롭지 못한 곳이다.

　그는 더 나은 칠레를 꿈꾸고 있다.

요르단

Waleed

"요르단이란 국가의 시작점을 어디로 보십니까?"

"글쎄요. 어려운 질문이군요. 압바스 왕조, 오스만 투르크, 이러한 정복자들에 의해 식민지 상태로 존재하던 시절에는 요르단이란 국가 개념이 없었습니다."

"그렇다면 국가 개념은 제2차 세계대전 후에 점령자였던 영국이 물러가면서 자연스럽게 형성된 것인가요?"

"아마 그렇다고 봐야겠지요. 1946년 5월 25일이 독립기념일인데, 우리는 연중 가장 의미 있는 기념일로 생각합니다."

"많은 사람들이 1918년의 밸푸어 선언이 온 아랍의 운명을 바꾸어 놓았다고 말하는데, 어느 정도까지가 사실인가요?"

"말씀하신 그대로입니다. 영국 수상이던 밸푸어 스스로도 그가 약속한 '아랍 안에 세워질 유대인들의 제국'이 향후 어떤 의미로 변해 갈지 몰랐을 겁니다."

"팔레스타인 분쟁은 아직 진행형입니다. 그렇다면 아랍-이스라엘 전쟁은 이제 종료되었다고 봐야 할까요?"

"1967년부터 전쟁이 발발했고, 당시엔 이집트가 아랍 세계의 최강국이었지요. 가말 압델 나세르. 그는 아랍 통일이라는 원대한 꿈을 꾼 지도자였습니다."

"1978년의 캠프 데이비드 협정(Camp David Accords)이 그 길고 길었던 아랍-이스라엘 전쟁의 마침표를 찍었다고 생각하십니까?"

내일도 만날래?

"적어도 전쟁을 끝내자는 목표에는 일치했습니다. 다만 영토 문제에서 사다트는 시나이 반도를 돌려받는 대신, 팔레스타인 문제를 소홀히 했다는 비판을 받았습니다.

아랍 세계에서 이는 일종의 '배신행위'로 간주되었고 결국 사다트는 자국의 젊은 장교들에 의해 암살되었습니다. 자연스레 이집트는 아랍의 종주국이란 지위마저 상실했고, 지금은 왕조 국가인 사우디 아라비아가 그 지위를 차지한 듯이 보입니다."

"팔레스타인 문제는 한참을 지나 1993년 오슬로 협정에 이르러서야 어느 정도 문서화됩니다. 요르단도 여기에 관여되어 있나요?"

"물론입니다. 서방에서 'West Bank'라고 부르는 요르단 강 서안은 팔레스타인 영토이지만, 이스라엘 정착촌들이 많이 존재합니다. 그들을 보호한다는 명목으로 이스라엘 군대가 주둔하고 장벽들을 설치하는 모습이 우리 요르단에게도 상당한 위협을 느끼게 합니다."

"다시 처음으로 돌아가 봅시다. 1946년 독립을 쟁취하기 전의 요르단은 어떠했습니까?"

"샤리프 후세인 빈 알리라는 이름을 기억하십시오. 그의 후손들이 지금의 요르단 왕실을 구성하기 때문입니다."

"영국도 그를 잠재적인, 그러니까 자신들이 떠난 이후의 지도자로 인정했나요?"

"사실 영국은 당시 이라크를 포함한 지역까지도 그에게 약속했습니다. 그러나 이 약속은 지켜지지 않았고, 후세인 빈 알리의 일찍 죽은 장남 대신 차남이 압둘라 1세라는 이름으로 요르단의 국왕이 되는 것에 만족해야 했습니다."

"요르단의 근대사는 그 압둘라 1세의 손자인 후세인 1세로부터 시작하지 않습니까?"

"그렇게 보는 것이 더 타당할 것입니다. 압둘라 1세의 치세는 매우 짧았고 그의 아들은 정신병이 있었거든요. 손자였던 후세인 1세는 상당히 유능한 정치가였습니다."

"서방에서는 그를 '줄타기 외교의 달인'이라고 부릅니다."

"그렇습니다. 17세의 나이로 그가 왕위에 등극했을 때 요르단은 상당히 위태로운 상태에 있었습니다. 그의 재위 47년은 요르단의 살아 있는 역사와 같습니다."

"그의 뒤를 이어 지금도 재위 중인 압둘라 2세는 어떠합니까?"

"묘하게도 그 역시 아버지처럼 왕위에 오른 시절의 주위 정세는 불안정했습니다. 이라크 전쟁과 사담 후세인, 그리고 난민들이 사방에서 밀려 들어오고 있었지요."

IT기업에서 근무하고 있는 왈리드는 팔레스타인계 요르단인이다. 석유가 나지 않는 요르단의 주된 산업은 이제 농업에서 IT산업으로 이동하고 있다.

또한, 요르단인의 50% 이상이 팔레스타인 혈통이거나, 요르단강 서안에서 이주한 팔레스타인계 이민자들로 이루어져 있다.

"이란이 호르무즈 해협에서 민간 유조선을 격침시킨 사건도 혹시 아랍세계 전체의 근황과 관계가 있습니까?"

"일단 우리(아랍세계)는 이란(페르시아)과는 친하지 않다는 것을 분명히 해 둡니다. 역사적으로도 그러했고, 현재도 그러합니다. 다만 호르무즈 해협에서 있었던 사건은 이란의 소행이 아니라고 말할 수 있습니다."

내일도 만날래?

"미국이나 서방세계는 이란에 의해 일어난 사건으로 보도하고 있는데요?"

"보호비라는 개념을 떠올려 보십시오. 사우디나 다른 산유국들은 소위 '보호비'라는 명목으로 미국에 로비를 합니다. 미국은 이들 산유국을 이란의 위협으로부터 지켜 주면서 속된 말로 삥을 뜯는 것이지요. 기왕이면 무기도 우리 (미국)에게서 사 가라, 이런 식으로 말입니다."

"이번 사건이 미국의 책략이라면 '이란이 언제든지 저런 짓을 할 수 있으니, 너희는 계속 우리의 보호를 받아라'는 뜻으로 해석하는 편이 옳겠군요."

"사실 요르단 사람들은 이란-이라크 전쟁 때도 이란을 싫어했습니다. 이라크는 우리와 같은 왕실을 뿌리로 두고 있었고, 오랜 친구나 마찬가지였기 때문입니다. 하지만 우리가 이란을 미워한다고 해서, 호르무즈 해협 사건을 이란의 짓이라고 단정 지을 수는 없는 것입니다."

"호르무즈 해협이 봉쇄되면 유가도 오르고, 그렇다면 산유국이 아닌 요르단도 경제적으로 타격을 많이 입지 않을까요?"

"상당합니다. 더욱 우려되는 것은 이번 사건이 미국의 이라크 침공 때와 비슷하게 전개되고 있다는 점입니다."

"미리 사전에 밑밥을 깔아두고 이란을 치겠다는 것이군요."

"바로 그렇지요. 애초에 미국이 왜 이라크에 쳐들어갔습니까? 그 일대의 유전을 확보하고 아랍세계의 군사강국 하나를 제거하는 것이 목적 아니었습니까?"

"요르단 입장에서는 친구가 깡패한테 두들겨 맞는 것을 보고도, 지켜봐야만 하는 심정이 들었을 것 같습니다."

"더 우울한 것은 그 깡패와도 소위 '줄타기 외교'를 해야

하는 요르단의 처지입니다. 우리가 이라크에게 해줄 수 있었던 것은 다만 국경을 잠시 열어서, 전쟁 중이던 이라크 난민을 받아들이는 것이었습니다."

"이라크의 미래에 대해서는 어떤 생각을 갖고 계십니까? 과연 전쟁 이전으로 복구가 가능할까요?"

"복구는 쉽지 않을 것입니다. 그보다 이라크는 종교와 뿌리가 다른 여러 지역의 연합이었고, 실제로 시아파가 이란 다음으로 많은 국가입니다. 사담 후세인은 이제 없고, 향후의 이라크를 하나의 공동체로 묶어 줄 지도자는 딱히 보이지 않는 상황입니다."

"그러면 이라크가 끝내 쪼개질 것으로 보십니까?"

"모르겠습니다. 어찌 됐든 북부의 쿠르드와 소수의 기독교. 중부의 수니/시아 복합지역. 남부의 시아파 지역. 이들을 연결시켜 줄 무언가 또는 누군가가 있어야 합니다."

"그렇다면 시리아는 어떻습니까? 시리아야말로 각기 다른 세력들이 정통성을 주장하며 지금도 내전 중의 내전을 거듭하고 있지 않습니까?"

"시리아 또한 구소련과 비슷한 방식으로, 사회주의 지역들의 연합처럼 굴러갔습니다. 한동안은 괜찮았지만, 아랍의 봄 이후로 정권이 붕괴하고 그야말로 나라는 조각났습니다.

시리아는 영토가 크고 자원이 풍부합니다. 러시아와 터키 같은 주변 열강들이 어떻게든 개입하지 않는다면 그것이 더 이상하겠죠."

아랍은 항상 불타고 있다. 그들에게 주어진 석유는 한때 축복이었으나, 이제는 전쟁의 광기가 지배하는 불꽃이 그 석유 위에서 춤을 추고 있다.

내일도 만날래?

왈리드는 말한다. 아랍인들은 예전부터 '하나의 국가'로
서 존재하는 아랍을 꿈꾸었다고. 그러나 거듭되는 분열은
기존에 존재하는 국가들마저 조각내는 중이다.

인도

Raja

"요즘 어떻게 지내?"

"잘 지내요. 학기 마지막이라 조금 바쁘기는 하지만, 졸업
하면 바로 사회로 나가야 되니까 오히려 그게 더 걱정이죠."

"모디 녀석은 여전히 거기 애들을 괴롭히나?"

"BJP애들이 하는 짓거리는 언제나 똑같죠. 관개수로 하
나 갖추어져 있지 않은 지역에, 한국 돈으로 치면 5,000억
원짜리 힌두교 동상을 세우는 놈들이니까요."

"북부 놈들은 BJP라면 환장을 하잖아. 표도 전부 거기에서 오는 거고."

"말해 뭐 하겠어요. 2019년에 모디가 이길 수 있었던 것도, 그 놈이 힌두교를 유일한 국교로 만든다느니 하면서 힌두교도들 표를 싹 쓸어 간 때문이니까."

"언론통제는 여전하지?"

"그럼요. 어제 하루에만 80명 정도가 모디를 반대하는 시위했다는 이유로, '민족반역자(enemy of nation)'로 몰려 투옥됐어요."

"야당 지도자들한테도 계속 그래?"

"증거 없이 잡아다 가두고, 아니면 가택연금 시키고. 전부 모디가 뒤에서 조종하는 짓인 거 다 아시잖아요."

내일도 만날래?

처음 라자를 만났을 때, 그는 폰디체리 대학에서 경제학을 전공하는 대학생이었다. 라자는 자신이 타밀인이라는 점에 대해 강한 자긍심을 가진 똑똑한 청년으로, 타밀어 외에 영어와 프랑스어에도 능숙했다.

"그나마 모디한테 끝끝내 굽히지 않는 지역이 남부와 카슈미르뿐인가?"

"벵갈 사람들이랑 펀잡 사람들도 모디를 좋아하지는 않아요. 다만 우리나 카슈미르처럼 대놓고 일어나지 않아서 그렇지."

"요즘 모디가 파키스탄한테 공갈치는 짓은 조금 뜸한 것 같더라?"

"모디는 항상 선거 때만 파키스탄을 이용하고, 선거 끝나면 관심도 없어요. 아, 힌두교를 국교화한다고 할 때에도 반 파키스탄 정서를 이용하죠."

"그래도 파키스탄이 친중 성향을 드러내면서, 중국의 일대일로 정책에 참가하고 중국산 무기까지 들여오는 건 밉지 않았어?"

"약간은 미운 마음이 들었죠. 하지만 인도의 더 큰 적은 중국이에요. 우리는 1962년, 당시 중공과 전쟁을 했고 패하면서 영토까지 빼앗긴 역사를 잊지 못해요."

"어차피 중국의 속셈은 인도양을 자기네 세력권으로 편입하고 싶어하는 거 아닐까?"

"지금 중국에 붙어먹은 나라가 파키스탄 하나만은 아니에요. 방글라데시, 버마, 심지어 스리랑카까지 다 친중으로 전환한 지 꽤 오래됐어요."

"설마 그렇다고 시진핑이 인도까지 단번에 삼키러 오지는 않겠지?"

"솔직히 모르겠어요. 맥마흔 라인 안쪽에 티벳이 위치한다는 이유로 중국이 달라이라마를 추방하면서 그때 많은 티벳 사람들이 달라이라마와 함께 인도로 왔거든요.

그 사람들이 하는 말을 들어보면, 중국의 궁극적인 목표는 아시아 전체의 제해권. 그러니까 태평양 서쪽과 인도양 전체의 제해권 확보라고 하던데, 만약에 그렇게 된다면 인도는 버마 - 스리랑카 - 파키스탄으로 둘러싸인 일종의 감옥처럼 고립되는 거예요. 상상만 해도 끔찍하죠."

"졸업하면 영국에 가고 싶다고 했던가?"

"글쎄요, 지금 상황으로는 차라리 여기에 남아서 직장을 구하는 편이 나을 것 같아요. 일단 영국 비자를 받는 것부터가 쉽지 않은데, 노동비자든 유학비자든 영국은 인도 사람들한테 쉽게 비자를 주지 않거든요."

"이미 영국도 이민자들을 수용할 능력이 넘어섰기 때문일 거야. 그쪽 상황을 알고는 있지?"

"물론이죠. 아마 지금쯤 영국 내 파키스탄 인구가 영국 내 인도 인구를 추월했을 거예요. 니스 차량테러나 파리 극장 인질테러. 뭐 그런 것들 때문에, 유럽에서 무슬림에 대한 반감이 엄청 세졌는데, 그 사람들 눈에 어차피 인도인이나 파키스탄인이나 다르게 보이겠어요?"

"인종적 편견은 어딜 가나 존재하고, 그걸 깨기란 쉽지 않으니까."

"무슬림도 그랬듯이, 만약 한 명의 인도 사람이 테러를 저지르면, 나머지 인도 사람들도 의심의 눈초리에서 자유로울 수는 없을 거예요. 특히 정치인들이 그런 걸 선거에 이용해 먹는데, '이민자를 몰아내고 일자리를 되찾자!' 이런 식의 구호를 외쳐 대죠."

"그게 민주주의의 한계라고 하지만, 결국 얼마나 많은 표를 자기 쪽으로 끌어들이냐의 싸움이니까."

"저는 아주 질려 버렸어요. 그런 정치싸움 때문에 선량한 사람들도 직업을 못 구하고 여기저기 떠돌게 되잖아요. 끝없는 악순환이에요."

라자는 지금 APDCL(Assam Power Distribution Company Limited)에 근무하고 있다.

고향인 타밀나두를 떠나 북동부의 아삼 주에서 살고 있지만, 그는 어디에 가든 자랑스런 타밀인이고, 그 사실은 라자가 죽는 순간까지 변하지 않을 것이다.

브라질

Eduardo

"여어, 에두아르두. 요즘 거기 좀 어때? 여전히 볼소나루는 아마존을 박살내느라 여념이 없으신가?"

"위대하신 우리 볼소나루 대위님 성에 차려면 아직 멀었을걸요."

"거기 열대우림을 싹 다 태우고, 콩 심으려고 했다면서?"

"콩인지 뭔지 알게 뭐예요. 형, 룰라 시대에 그리고 지우마 시대에, 아무리 부패가 만연했어도 저렇게 막나가지는 않았어요."

"브라질에 약자를 위한 정치인은 없다고. 네가 그때 이미 말하지 않았었니?"

"다들 말은 다 번지르르하게 해요. 약자를 위하고 노동자를 위하고. 그런데 하는 짓을 보면 더러워도 저렇게 더러울 수 있나 싶다니까요."

"지우마 탄핵 때도 부정부패가 원인이었지?"

"탄핵은 쿠데타 그 이상도 그 이하도 아니었어요. 미세우 테메르가 신자유주의다 뭐다 떠들어댔지만, 경제위기는 지우마 때보다 더 심해졌으니까."

"그래서 결국 테메르보다 더 한 놈이 들어선 셈이네."

"누가 알았겠어요? 형. 우리 보타포구 팬들한테는 오래된 속담이 있어요. '제일 못하는 놈을 경기 중에 교체해도, 항상 그보다 더 못한 놈이 들어간다'라고."

내일도 만날래?

"그거 재미있는 속담이구나. 사실 한국 정치판도 브라질 정치판이랑 꽤 비슷한 데가 많거든."

"형네 나라에도 신자유주의가 어쩌고 하는 머저리들이 있어요?"

"아니야. 아예 그런 개념도 없어. 목적이 수단을 정당화한다는 권력주의만 남아 있지."

에두아르두는 브라질리아 대학 역사학과 3학년에 재학 중인 쾌활한 학생이다. 학교 때문에 지금은 브라질리아에 살고 있지만, 고향 리우에서 태어나 자라면서 자연스레 리우 연고지의 수많은 팀들 중 보타포구의 열혈 서포터가 되었다고 한다.

"아. 베네수엘라는 화폐가 거의 휴지가 됐지만, 아직 브라질 헤알은 그래도 쓸 만하지?"

"달러당 대략 4.2 헤알 했는데 환율이 다시 오르기 시작했어요. 그나마 볼소나루가 화폐는 건드리지 않았는데, 벌써 달러당 4.7 헤알까지 올랐어요."

"사실 더 큰 문제는 실업률이잖아."

"언론에서는 12%라고 하는데, 더 높은 거 같아요. 거 빌어먹을 신자유주의가 뭔지 사람 잡네요 아주."

"테메르가 노동개혁이다 뭐다 떠들더니, 어째 실업률이랑 비정규직만 더 늘어났냐?"

"아, 테메르는 지금의 볼소나루에 비하면 아무 것도 아니었어요. 볼소나루는 노동개혁에다가 연금개혁까지 한다면서 아예 경제의 모든 분야를 다 작살내고 있다구요."

"실업률도 높은데다, 브라질은 룰라 시절부터 비정규직이 너무 많았고 그 후의 정부에서도 달라진 게 없었지 아마."

"형은 여기 와서 봤잖아요. 어딜 가나 전부 비정규직이나 임시직이에요. 그마저도 구하기가 어렵고."

"그래도 룰라가 재정지출을 늘리고, 페트로브라스같은 석유기업, 오데브레트 같은 건설기업을 민영화하면서 잠깐이나마 좋아진 듯 보였는데."

"진짜 잠시 좋아 보였어요. 문제는 룰라 본인도 부패 혐의로 감옥에 있다가 잠시 석방되어 있을 정도로 부정부패 문제는 여전했다는 거예요."

"룰라가 임기를 마치고 물러날 때 지지율이 87%였던가?"

"그야말로 박수받으면서 퇴장한 거죠. 지우마가 아에시 오스 패거리한테 의회 불신임을 받고 탄핵된 것에 비교하면 진짜 운이 좋았던 거고."

"운이 좋았다는 건 발각되지 않았다는 뜻이야?"

"그렇죠. 사실 룰라도 지우마도 부정부패 혐의에서 완전히 자유로울 수는 없어요. 하지만 소위 민주주의란 이름으로 지우마를 탄핵하고 정권을 탈취한 테메르의 국민 지지도는 단 2%였어요. 거의 세계 최저일걸요?"

"정치가 그렇게 개판을 치는데도 경제가 무너지지 않는 걸 보면, 진짜 브라질은 천연자원이 다양하고 풍부하다는 걸 느껴. 베네수엘라는 너무 석유에만 의지하다가 저렇게 되었지만, 너희는 석유만 있는 게 아니잖아."

"아, 그리고 리우에 왔을 때, 형은 MPB(Musica Popular Brasileira) 음악 좋아했던 거 같은데, 아직도 들어요?"

"그럼. MPB라면 덮어놓고 다 듣는 건 아닌데, 내 취향이랑 잘 맞아."

"외국인들은 브라질 하면 무조건 삼바음악만 생각해요. 물론 삼바음악이 나쁘다는 말은 아닌데, 너무 그것만 얘기하니까."

"무슨 뜻으로 말하는지 알아. 우리도 365일 김치만 먹고 하루 종일 k-pop만 부르지는 않거든."

"아. 또 브라질 축구선수 이름은 전부 한 글자라고 생각하는 거. 그거 다 애칭이거나 닉네임이잖아요."

"오히려 풀 네임은 훨씬 더 길지? 이를테면 dos santos da silva nascimentos de 이런 거 꽤 많이 붙는 걸로 알아."

"제 이름도 형은 그냥 에두아르두라고 부르지만, 풀 네임을 전부 쓰자면 Eduardo Chaves Medeiros de Souza에요.

그나마 저는 짧은 편이구요."

"리우에 갔을 때 우리가 봤던 경기가 바스쿠랑 했던 경기
였나?"

"만약 그게 플라멩구 경기였으면 아예 형을 같이 데려가
지 않았을 거예요. 꽤나 위험해질 수 있거든요."

"한국은 그 팀 성적이 좋지 않으면 팬들도 많이 떠나가.
그런 점에서 유럽이나 브라질은 연고의식이 진짜 두터운
것 같아서 부럽고."

"성적으로만 보면 보타포구는 최악이죠. 1995년이 리그
마지막 우승이었어요. 그렇다고 해서 보타포구를 포기할
수 있을까요? 전 절대 못 할 것 같아요."

내일도 만날래?

에두아르두는 주말이 되거나 고향 리우로 돌아갈 일이 생길 때마다, 무조건 니우톤 산토스 경기장에서 있을 보타포구의 경기를 기다린다.

　그와 그의 친구들은 어깨동무를 한 채로, 우리는 영원한 보타포구라고 스타디움이 떠나갈 정도로 자랑스럽게 외치고 다닐 것이다. 아마도 그의 아들과 그의 손자들까지.

보스니아

Zoran

"국가의 정식명칭이 보스니아가 아니라 보스니아 헤르체고비나인데, 대부분의 사람들은 그냥 '보스니아'라고 부릅니다. 이건 어째서 그렇습니까?"

"지정학적인 부분인데, 대부분의 사람들이 헤르체코비나보다 보스니아 지역에 훨씬 더 많이 살기 때문입니다."

"체코슬로바키아가 체코와 슬로바키아의 연합체였던 것과 비슷하다고 보면 됩니까?"

"다릅니다. 일단 체코(체키아)는 지정학적으로 보헤미

아, 모라비아, 주데트란드로 구성되어 있고, 이렇게 구성된 체키아는 모두 인종적으로 체코인입니다.

그렇기 때문에 체코는 지정학적이 아니라 인종적으로 나라를 구분할 수 있는 것입니다."

"보스니아 헤르체고비나는 그렇지 않습니까?"

"우리의 경우에는 인종적인 구분보다 지정학적 구분이라는 편이 더 정확할 것입니다. 실제로 보스니아 거주 인구가 전체 인구의 80%를 상회합니다."

"그렇다면 인종적으로 보스니아인과 헤르체고비나인은 동일하다고 할 수 있습니까?"

"약간의 차이는 있겠지요. 이곳은 보스니악(Bosniaks), 세르비안(Serbs), 크로아티안(Croats), 세 인종이 살고 있으며, 보스니악이 절대 다수를 차지합니다."

"그러면 보스니악이란 인종 집단 내에서 보스니아인과 헤르체고비나인을 나눌 수 있겠군요."

"맞습니다. 그리고 이미 말씀드렸듯이 워낙 보스니아 인구가 압도적으로 많기에 헤르체고비나라는 이름이 덜 언급될 뿐입니다."

조란 레피치는 보스니아의 한 고등학교에서 라틴어와 역사를 가르치는 교사이다.

그는 엄청난 질문 세례를 퍼부은 나에게, 천천히 그러나 정확하게 자신이 알고 있는 바를 이야기해 주었다.

"보스니아는 독자적인 화폐를 쓴다고 알고 있는데, 실제로 그렇습니까?"

"네. 보스니아 마르크를 쓰고 있습니다. 그렇지만 교환비율이 1유로에 1.96보스니아 마르크로 고정된 시스템입니다.

이는 보스니아 경제에 어떤 돌발적인 상황이 발생할 때에, 화폐가치가 급락하거나 과도한 물가 상승이 일어나지 못하게 미리 방지하는 효과를 가져옵니다."

"그래도 호텔에서는 유로화를 받고 있더군요."

"관광업계는 유로화 사용이 많은 편입니다. 그러나 대중교통을 이용할 때나 상점을 이용할 때는 거의 보스니아 마르크를 쓰고 있습니다."

"달러화는 어떻습니까?"

내일도 만날래?

"조금 전에 말씀드린 대로 '마르카'라 불리는 보스니아 마르크가 고정되어 있는 화폐는 유로화입니다.

그래서 여행객들이 달러화를 내밀면 가끔 가이드들이 난감해하는 경우가 생기는데, 다시 유로화로 바꾸려면 환전 비용이 발생하기 때문입니다."

"높은 실업률은 어느 국가에나 큰 골칫거리입니다. 보스니아의 실업률은 어떻습니까?"

"내전 직후인 1990년대 후반이나 2000년대 초반에는 상당히 높았습니다. 그러나 관광업이 발전하면서 실업률도 점점 내려가는 추세라고 볼 수 있습니다.

단순히 실업률만을 얘기하는 것은 아닙니다. 전쟁이 끝난 후에 우리는 잿더미 위에서 모든 것을 다시 시작해야 했습니다.

이제 보스니아의 미래는 우리 세대가 아닌, 전후 세대에

게 달려 있습니다. 우리는 그들을 가르치면서 더 나은 보스
니아를 내다보는 중입니다."

내일도 만날래?

ⓒ 전기현, 2022

초판 1쇄 발행 2022년 5월 25일

지은이   전기현
펴낸이   이기봉
편집   좋은땅 편집팀
펴낸곳   도서출판 좋은땅
주소   서울특별시 마포구 양화로12길 26 지월드빌딩 (서교동 395-7)
전화   02)374-8616~7
팩스   02)374-8614
이메일   gworldbook@naver.com
홈페이지   www.g-world.co.kr

ISBN   979-11-388-0971-9 (03900)